août 1790

ORDONNANCE
DE POLICE
DE LA MUNICIPALITÉ
D'ORLÉANS,

A Tous ceux qui ces préfentes lettres verront : LES MAIRE ET OFFICIERS MUNICIPAUX de la ville, fauxbourgs & banlieue d'Orléans, SALUT.

SUR ce qui nous a été remontré par le Procureur de la Commune, que certains particuliers fe permettoient de mener paître des chèvres, moutons, vaches, chevaux & bêtes afines dans les rues du vignoble & jardinage des fauxbourgs d'Orléans ; que ces animaux y broutoient les haies, même qu'ils entroient dans les vignes, les pépinières & jardins, où ils caufoient un grand dommage ; que d'autres attachoient aucuns de ces animaux aux haies; que d'autres conduifoient ces animaux dans des plantations deftinées à des promenades publiques, où ils les laiffoient paître, fouvent les attachoient aux arbres, en leur laiffant une certaine lon-

(1)

gueur de corde pour aller çà & là ; que ces animaux tirant fans ceffe l'arbre par la corde qui les y tenoit liés, l'ébranloient, & entamoient l'écorce ; que les chevaux & les ânes fe frottoient le long defdits arbres , & faifoient tomber les épines mifes autour en paquet pour les garantir de toute atteinte ; que d'autres attachoient des cordes auxdits arbres pour tendre & faire fécher des linges , couvertures & autres effets , ce qui ne pouvoit que nuire à leur accroiffement.

La matière mife en délibération , Nous MAIRE & OFFICIERS MUNICIPAUX avons , ce requérant le Procureur de la Commune , ordonné & ordonnons ce qui fuit :

DÉFENDONS à tout particulier , quel qu'il foit , fous peine d'amende , de mener paître des vaches , moutons , chèvres , bêtes afines , chevaux , & autres de pareille nature , dans les rues du vignoble & jardinage des fauxbourgs d'Orléans ; de leur fouffrir brouter les haies , de les y attacher par une corde , de mener pâturer aucuns defdits animaux ou autres dans les plantations de promenades publiques , telles que celles qui font au pied des murs de ville ; d'y en attacher aucuns aux arbres defdites promenades ; d'attacher à ces mêmes arbres des cordes pour faire fécher des linges , couvertures & autres effets ; d'établir en aucun endroit de ces promenades des atteliers pour filer des cordes , à moins d'une permiffion par écrit de nous : Enjoignons à nos Commiffaires de Police d'y veiller ; requérons toutes Patrouilles de faifir & faire mettre en fourrière les animaux trouvés en état de contravention , d'en dreffer procès verbal pour nous le remettre le plutôt poffible.

Déclarons que par l'article 158 de la Coutume , tous les propriétaires qui furprendront ces animaux paiffant le long de leurs haies ou dans leurs héritages , font autorifés à les faifir & les mettre en fourrière , & en dreffer procès verbal , qu'ils doivent préfenter à

Juftice dans les vingt-quatre heures : déclarons que par l'article
161 il eft défendu au berger ou autre garde de tenter à recouvrer
par violence les animaux ainfi faifis , fous peine d'amende arbi-
traire : difons que les maîtres feront civilement refponfables de
leurs bergers délinquans ou autres commis à la garde de leurs
animaux. Et fera la préfente Ordonnance lue , publiée & affichée
par-tout où befoin fera ; ce fait, exécutée nonobftant toute oppofition & appellation quelconque, s'agiffant d'un fait de Police.

Donné en la. chambre du Confeil de la Police , ce dix août
mil fept cent quatre-vingt-dix.

> *Signé* TRISTAN, Maire ; POMPON, ZANOLE, PATAUD,
> FAURE, ROU, PORCHER', CLÉMENT, GOMBAULT
> l'ainé, TIERCELIN, BRUZEAU, Officiers Municipaux;
> JOHANNETON, Procureur de la Commune.

*Lue, publiée & enregiftrée , l'audience tenante, le dix août mil fept cent qua-
tre-vingt-dix.* Signé ROZIER , Greffier.

*Lue , publiée par tous les carrefours & places publiques de la ville d'Orléans ,
par moi Huiffier proclamateur.* Signé TROUILLEBERT.

De l'imprimerie de ROUZEAU-MONTAUT, Imprimeur du Roi , de l'Evêché, de la Municipalité, &c.

ORDONNANCE

DE LA MUNICIPALITÉ

D'ORLÉANS,

*Qui fait défenses à toutes perſonnes d'entrer
dans les Vignes & Héritages d'autrui, de
rompre les haies, cueillir & emporter les
Raiſins, Verjus & autres Fruits : Enjoint
aux Habitans de la Campagne de boucher
les haies, d'entriballer leurs chiens & ſerrer
leurs volailles juſqu'au jour de Touſſaint
prochain, ſous les peines portées par les
Ordonnances.*

Du jeudi 9 ſeptembre 1790.

A Tous ceux qui ces préſentes lettres verront:
Les Maire & Officiers Municipaux de
la ville d'Orléans, Salut.
Sur ce qui nous a été remontré par le Procureur

de la Commune, que plufieurs perfonnes, hommes, femmes, vignerons, artifans, vagabons & gens fans aveu, entroient dans les vignes & autres héritages dans l'étendue de cette Municipalité, rompoient les haies, caffoient les ceps de vignes, & fous prétexte d'y cueillir des herbes, voloient les verjus, raifins & autres fruits qui font dans lefdits héritages : que les Vignerons y laiffent entrer leurs chiens & volailles : à quoi il feroit néceffaire de pourvoir ; pourquoi il a requis qu'il nous plût rendre notre Ordonnance à ce fujet :

La matière mife en délibération, faifant droit fur la remontrance du Procureur de la Commune, difons que nos Ordonnances ci - devant rendues, & notamment celles des 30 août 1783, 21 août 1784, & 12 feptembre 1789, feront exécutées felon leur forme & teneur ; & fuivant icelles, faifons défenfes à tous particuliers, hommes, femmes, artifans, vignerons, vigneronnes, porte-faix, domeftiques, vagabonds & gens fans aveu, & à toutes perfonnes, d'entrer dans les vignes & héritages d'autrui, fous quelque prétexte que ce foit, même pour y cueillir de l'herbe ; de rompre les haies, cueillir & emporter les raifins, verjus & autres fruits, fous telles peines qu'il appartiendra, même de prifon, s'il y échet, fuivant la rigueur des Ordonnances. Enjoignons à tous particuliers d'entriballer leurs chiens & de ferrer leurs volailles jufqu'au jour de Touffaint prochain, fous les peines portées par les Ordonnances contre les contrevenans, fuivant la nature du délit.

3

Enjoignons aux Voyers & Meffiers des Paroiffes de notre Municipalité de nous informer des contraventions, & d'arrêter les perfonnes qui cueilleront des verjus, raifins & autres fruits dans les vignes & héritages d'autrui, au préjudice des défenfes ci-deffus.

Faifons très-expreffes inhibitions & défenfes à toutes perfonnes qui n'ont point de vignes, de porter au marché & d'y expofer en vente des verjus ou raifins, fous les peines qu'il appartiendra, même de punition exemplaire, s'il y échet.

Et fera notre préfente Ordonnance, à ce que nul n'en prétende caufe d'ignorance, imprimée, lue, & publiée iffue des Meffes paroiffiales des Eglifes de Saint Laurent, Saint Paterne, Notre-Dame-du-Chemin, Saint Marc, Saint Marceau, Saint Vincent, & autres dans l'étendue de notre Municipalité ; pareillement publiée à fon de trompe, & affichée par-tout où befoin fera ; ce fait, exécutée, nonobftant oppofitions ou appellations quelconques, & fans y préjudicier, s'agiffant d'un fait de Police.

Donné & arrêté en la chambre du Confeil de la Police d'Orléans, par nous Aignan-Augufte POMPON, premier Officier Municipal & Juge de Police, Préfident en l'abfence de M. le Maire, affifté de Meffieurs POUPARDIN pere, CHAUFTON, ZANOLE, CLÉMENT-MEIGNANT, GOMBAULT l'ainé, PORCHER pere, FAURE, TIERCELIN l'ainé, Officiers Municipaux & Juges de Police ; JOHANNETON, Procureur de la Commune, & DELAPLACE, Subftitut du

Procureur de la Commune, le neuf feptembre mil fept cent quatre-vingt-dix.

Lue, publiée & enregiftrée, l'audience tenant, le famedi onze feptembre mil fept cent quatre-vingt-dix.

Signé ROZIER, Greffier.

Lue & publiée par tous les carrefours & places publiques de la ville d'Orléans, par moi Huiffier commis à cet effet.

Signé TROUILLEBERT.

A ORLÉANS, de l'imprimerie de ROUZEAU-MONTAUT, Imprimeur du Roi, de l'Évêché, de la Municipalité, de l'Univerfité, du Collège, &c.

DÉLIBÉRATION

DU TRIBUNAL DE POLICE

DE LA MUNICIPALITÉ D'ORLÉANS

CONCERNANT le Respect dû aux Eglises.

Du 26 février 1791.

LE Procureur de la Commune a représenté que le Tribunal de la Police municipale est chargé par la Loi du 22 juillet 1791, titre 1, art. 46, de publier de nouveau les Lois & Réglemens de Police, & de rappeler les Citoyens à leur observation :

Que parmi ces Réglemens, ceux qui concernent le respect dû aux Eglises, méritent d'être particulièrement distingués :

Qu'ils prescrivent la manière avec laquelle on doit s'y présenter, le recueillement & le silence qu'on doit y garder :

Qu'ils défendent tout ce qui peut troubler le Service Divin, & notamment de se servir des Temples comme d'un passage, de s'y promener, ou d'y tenir des conversations.

D'après cet exposé, le Procureur de la Commune a requis qu'il plût au Tribunal rappeler ces principes & ces devoirs aux Citoyens, & prendre la délibération nécessaire à cet égard.

LA MATIERE MISE EN DÉLIBÉRATION, faisant droit sur les représentations & le requisitoire du Procureur de la Commune, le Tribunal de Police municipale ordonne que les Réglemens concernant le respect dû aux Eglises seront exécutés ; en conséquence arrête ce qui suit.

1°. Enjoint à toutes perſonnes de ne ſe préſenter dans les Egliſes qu'avec le reſpect dû au Lieu ſaint, d'y demeurer dans le recueillement & le ſilence, de n'y tenir aucune converſation, & de s'abſtenir généralement de tout ce qui pourroit troubler l'ordre & le Service Divin, de quelque manière que ce ſoit ;

2°. Fait défenſes à toutes perſonnes de faire des Egliſes, & notamment de l'Egliſe Epiſcopale, un lieu de paſſage, de s'y promener, ou de les traverſer avec des hottes, paniers, paquets & autres charges, à peine de ſaiſie & confiſcation deſdits objets.

3°. Fait défenſes aux peres & meres de conduire dans les Egliſes les enfans en bas âge, qui par leurs cris ou leurs jeux peuvent interrompre les Miniſtres des Autels, ou les perſonnes qui aſſiſtent aux Offices :

Leur défend pareillement de laiſſer courir dans les Egliſes leurs enfans plus âgés :

Leur enjoint de les retenir auprès d'eux.

4°. Fait défenſe à toutes perſonnes ſuivies de leurs chiens, de ſe préſenter dans les Egliſes :

Le tout ſous les peines & amendes que la nature des contraventions déterminera.

5°. Enjoint expreſſément à tous Suiſſes, Bedeaux, Sonneurs & autres perſonnes attachées au ſervice des Egliſes, de veiller exactement à l'entière exécution de la préſente Délibération ;

De ne ſouffrir dans les Egliſes aucun chien :

Les autoriſe à ſaiſir les hottes, paniers & paquets avec leſquels on ſe feroit permis d'entrer dans les Egliſes, à apporter & dépoſer leſdits objets au greffe du Tribunal de Police, & à dénoncer aux Commiſſaires les contrevenans, pour être procédé contre eux ainſi qu'il appartiendra.

6°. Enjoint pareillement aux Commiſſaires de Police de ſurveiller l'exécution de cette Délibération, & de faire exactement leur rapport, tant des dénonciations qui leur auront été faites, que des contraventions qu'ils reconnoîtront.

7°. Le Tribunal fait défenſes à toutes perſonnes d'injurier les Suiſſes, Bedeaux, Sonneurs & autres attachés au ſervice des

Eglifes, de les troubler, ainfi que les Commiffaires, dans l'exercice de leurs fonctions ; Enjoint aux Citoyens de déférer aux requifitions qui leur feroient faites par lefdits Commiffaires & perfonnes attachées au fervice des Eglifes, fous les peines prononcées par la Loi du 22 juillet 1791 ; Requiert M. le Commandant de la Garde Nationale & M. le Commandant de la Gendarmerie Nationale de prêter main-forte en cas de requifition, pour l'exécution des difpofitions ci-deffus.

Sera la préfente Délibération imprimée, lue & publiée aux prônes des Eglifes paroiffiales & des Chapelles en dépendantes trois fois l'année, affichée aux portes des Eglifes & par-tout où il appartiendra, afin que nul n'en ignore, & que chacun ait à s'y conformer.

Donné en la chambre du confeil du Tribunal de Police de la Municipalité d'Orléans, le 26 février 1791.

Signé SALOMON, Maire ; GOMBAULT l'ainé, PORCHER ; TURMEAU, ISAMBERT, BOUCHER-DE-MEZIERES, Officiers Municipaux ; DUMUYS, Procureur de la Commune.

GOURDIN fils, Commis-Greffier.

De l'imprimerie de ROUZEAU-MONTAUT, imprimeur de l'Evêché, de la Municipalité, &c.

ORDONNANCE
DE POLICE

Concernant les Aubergistes, Hôteliers, Cabaretiers & tous les Logeurs, sans exception, de la ville & fauxbourgs d'Orléans.

Du 9 avril 1791.

SUR ce qui nous a été représenté par le Procureur de la Commune, que les réglemens qui regardent les Aubergistes, Hôteliers, Cabaretiers, & généralement tous ceux qui logent les étrangers, soit en gîtes, soit en chambres garnies, n'ayant pas été publiés depuis long-temps, il est informé que plusieurs d'entre eux en éludent l'exécution, sous prétexte qu'ils en ignorent les dispositions ; qu'il seroit cependant essentiel, dans les circonstances présentes, pour le maintien du bon ordre & de la tranquillité publique, de faire revivre ces réglemens, & de veiller à ce qu'ils soient exécutés selon leur forme & teneur ; Nous Maire & Officiers Municipaux de la ville d'Orléans, faisant droit sur le requisitoire du Procureur de la Commune, avons arrêté & ordonné ce qui suit ; savoir :

ARTICLE PREMIER.

Il est enjoint à tous Aubergistes, Hôteliers, Cabaretiers, & généralement à tous ceux qui logent les étrangers, soit en gîtes, soit en chambres garnies, de se présenter dans la huitaine, à compter du jour de la publication de la présente Ordonnance, au Secrétariat de la Municipalité, pour faire inscrire leurs noms, surnoms & demeures, sur un registre à ce destiné.

Ceux d'entre eux qui cesseroient d'exercer leur état, feront également tenus d'en faire leur déclaration à la Municipalité.

F

(4)

ARTICLE II.

A compter du 20 avril courant, tous les Logeurs, sans aucune exception, seront tenus d'avoir au devant de leurs maisons, dans un lieu apparent, un écriteau portant ces mots en gros caracteres; savoir, pour les Logeurs en chambres garnies, *Chambres garnies;* & pour les Logeurs en gîtes, *Ici on loge.*

ARTICLE III.

Seront également tenus les Aubergistes, Hôteliers, Cabaretiers & autres personnes qui logent les étrangers, même en chambres garnies, d'avoir un registre en papier libre coté & paraphé par le Maire, & d'y inscrire jour par jour, de suite & sans aucun blanc, les noms, surnoms, états, qualités & domiciles des personnes qui se présenteront dans leurs maisons pour y loger, ensemble le nom du lieu d'où elles viennent, le sujet de leur voyage, & le temps qu'elles se proposent de rester dans la ville. Ils feront signer cette déclaration par celles desdites personnes qui sauront signer.

ARTICLE IV.

Enjoignons à tous ceux qui viendront loger dans cette ville, soit en auberges, chambres garnies ou autrement, de déclarer, en arrivant, aux Aubergistes ou Logeurs leurs véritables noms & surnoms, leurs états ou qualités, le pays dont ils sont originaires, le sujet de leur voyage, & le temps qu'ils se proposent de rester en cette ville. Permettons d'arrêter ou faire arrêter ceux qui refuseroient de se conformer à notre présente ordonnance, ou chercheroient à déguiser leurs véritables noms, pour être procédé contre eux ainsi qu'il appartiendra. Et afin que cette disposition soit connue de ceux qui arriveront à l'avenir dans cette ville, ordonnons aux Aubergistes & autres Logeurs de notifier aux particuliers qu'ils recevront chez eux, le contenu en cet article, sous peine d'amende.

ARTICLE V.

Les Aubergistes, Hôteliers & autres Logeurs qui négligeroient d'inscrire sur leurs registres les noms des personnes qu'ils recevront chez eux, soit qu'elles ne doivent y passer qu'un jour, soit qu'elles se proposent d'y rester plus long-temps, seront condamnés,

pour la première fois , à une amende ; & en cas de récidive, feront privés de leur état pendant trois mois.

Article VI.

Les Aubergistes & autres Logeurs feront chaque jour le relevé
de leur registre. Ce relevé comprendra les noms , surnoms, pays
& professions de ceux qu'ils auront reçus chez eux , ou pris en
pension ; la date de leur arivée & le motif de leur voyage. Ils y
feront également mention du jour de la sortie de ceux qu'ils
avoient logés ; & indiqueront , dans le cas où ils en auroient con-
noissance, si ces derniers ont quitté la ville, ou s'ils n'ont fait que
changer de logement.

Article VII.

La feuille qui contiendra le relevé mentionné en l'Article précédent , portera en tête le nom de l'Aubergiste ou Logeur, celui
de sa rue , & le numéro de sa maison. Cette feuille , signée de
l'Aubergiste ou Logeur , sera envoyée tous les matins , jusqu'à
midi , à la Municipalité , & déposée dans une boîte qui sera
fixée à la principale porte de l'hôtel de la Municipalité , place
de l'Etape, & qui aura une ouverture à l'extérieur de ladite porte.

Article VIII.

Cette boîte sera ouverte à midi par le Secrétaire de la Municipalité , qui fera faire sur-le-champ dans les bureaux le dépouillement de toutes les feuilles des Aubergistes & autres Logeurs ; de manière que le Corps Municipal sera toujours informé
non-seulement du nombre des étrangers qui sont dans la ville ,
mais encore de leurs noms , surnoms, pays & professions ; du
sujet de leur voyage , & du temps qu'ils se proposent de rester
à Orléans.

Article IX.

Enjoignons aux Aubergistes , Hôteliers , Cabaretiers & autres
personnes qui logent des étrangers , soit en chambres garnies ,
soit en gîtes , de représenter leurs registres aux Commissaires de
Police toutes les fois qu'ils en feront par eux requis ; & en cas
de contravention au présent Réglement, il en sera dressé procès

verbal par lesdits Commiffaires, qui le rapporteront le même jour à la Municipalité.

ARTICLE X.

Défenfes très-expreffes font faites à tous les Habitans, Cabaretiers, Logeurs & autres, de quelque qualité & condition qu'ils foient, de donner afyle & retraite aux vagabonds & gens fans aveu, à peine d'être regardés comme ennemis de la tranquillité publique, & pourfuivis comme tels. Tous les Citoyens font en outre invités de dénoncer à la Municipalité les gens fans aveu, fans métier ni profeffion, fans domicile conftant, & toutes autres perfonnes fufpectes dont ils auront connoiffance.

ARTICLE XI.

Tous vagabonds, gens fans aveu de l'un & l'autre fexe, non connus, ni domiciliés, ni avoués de Citoyens chefs de familles & d'une probité connue, feront tenus de fortir de la ville & des fauxbourgs fous trois jours, à compter de la publication de la préfente Ordonnance, à peine d'être arrêtés, & punis fuivant la rigueur des lois.

Sera la préfente Ordonnance imprimée, lue, publiée & affichée par-tout où befoin fera, à ce que nul n'en prétende caufe d'ignorance ; & il en fera remis un exemplaire à chacun des Aubergiftes & autres Logeurs, avec un modele de feuilles du relevé qu'ils auront à faire & à envoyer tous les jours à la Municipalité. Fait & arrêté en la chambre du Confeil de l'hôtel commun de la ville d'Orléans, le neuf avril mil fept cent quatre-vingt-onze.

Signé TRISTAN, Maire ; POUPARDIN, ZANOLE, PATAUD, FAURE, ROU, CLÉMENT, CHAUFTON, GOMBAULT l'ainé, GAUDRY, DUFRENÉ l'ainé, & ROUZEAU-MONTAUT, Officiers Municipaux ; JOHANNETON, Procureur de la Commune.

GOMBAULT-GUINEBAUD, Secrétaire de la Municipalité.

A ORLEANS, de l'imprimerie de ROUZEAU-MONTAUT, Imprimeur du Roi, de l'Évêché, de la Municipalité, du Collège, &c.

1791, 23 juillet

JUGEMENT

DE POLICE.

LOUIS, par la grace de Dieu, & par la Loi conſtitutionnelle de l'Etat, ROI DES FRANÇOIS.

NOUS MAIRE ET OFFICIERS MUNICIPAUX de la ville d'Orléans, Juges de Police, ſavoir faiſons, qu'en la cauſe mue & pendante pardevant nous, entre le Procureur de la Commune d'Orléans, Demandeur aux fins de la citation du Commiſſaire Thiédot, & du procès verbal de contravention dreſſé par le même le 20 juillet préſent mois, d'une part; contre le ſieur *Buſſière*, Cafetier - Limonadier, demeurant en cette ville, rue d'Illiers, Défendeur, préſent, & le nommé *Hippolite*, logeant chez ledit Buſſière, Défendeur défaillant, d'autre

F

(5)

part ; de ce jour cités au Siège ordinaire en l'hôtel commun de la ville , trois heures de relevée : la cause appelée sur les qualités du placet par l'un de nos Huissiers audienciers :

Ouï le Substitut du Procureur de la Commune en ses conclusions verbales , & faisant droit sur lesdites conclusions ,

Donnons défaut contre le sieur Hippolite ; & pour le profit, attendu qu'il résulte du procès verbal du Commissaire Thiédot , en date du 20 de ce mois, dressé en présence de MM. Gaudry , Clément, Turmeau & Porcher , Officiers Municipaux ; & par la déclaration du sieur Bussière , insérée audit procès verbal , & par lui réitérée à notre audience , que ledit Hippolite a donné publiquement à jouer à un jeu de hasard, appelé le *Biribi*, & que ledit Bussière a loué sciemment un appartement au sieur Hippolite pour y tenir ledit jeu ; & attendu aussi que ledit Bussière a contrevenu à nos Réglemens de police, en logeant chez lui ledit sieur Hippolite , sans l'avoir inscrit sur un registre, ni avoir fait sa déclaration au Commissaire , conformément à nos Réglemens de police ;

Condamnons ledit Bussière en une amende de trois cents livres , & ledit Hippolite en une amende de douze cents livres, defquelles fommes un tiers fera applicable aux pauvres de l'Hôpital général de cette ville, un tiers à la caiffe du Bureau de paix, & l'autre tiers à la caiffe de la Police Municipale, fur lequel tiers feront prélevés les frais de vacations du Commiffaire & d'impreffion dudit Jugement.

Ordonnons que ledit jeu de *Biribi*, enfemble tous les différens uftenfiles faifis avec ledit jeu chez ledit Buffière, feront dépofés en notre greffe pour être enfuite détruits ;

Que là fomme de fix livres douze fous trouvée fur ledit jeu, fera remife aux pauvres de l'Hôpital de cette ville.

Difons qu'il eft fait défenfe à tous particuliers de jouer ou donner à jouer dans leurs maifons, foit publiques, foit privées, à aucuns jeux de hafard, fous peine d'être punis fuivant la rigueur des lois.

Déclarons que ceux qui loueront fciemment leurs maifons pour tenir banque de jeux de hafard, ou qui fachant que leurs locataires y tiennent lefdites banques, n'en préviendront pas la Municipalité, encourront également les peines portées par les lois.

Ordonnons que notre préfent Jugement fera imprimé & affiché dans les places, rues & carrefours de la ville

& fauxbourgs d'Orléans, au nombre de deux cents exemplaires ; & fera exécuté nonobftant oppofition ou appellation quelconque, s'agiffant d'un fait de Police.

Donné à Orléans, le vingt-trois juillet mil fept cent quatre-vingt-onze, en la falle de la Police Municipale, par nous Nicolas-Marie TRISTAN, Maire, Préfident, affifté de MM. ZANOLE, PATAUD, PORCHER, TIER-CELIN, TURMEAU, DESBOIS, ROUZEAU-MONTAUT, Officiers Municipaux, & DELAPLACE, Subftitut du Procureur de la Commune.

GOURDIN fils, Commis-Greffier.

A ORLÉANS, de l'imprimerie de ROUZEAU-MONTAUT, Imprimeur de l'Évêché, de la Municipalité, du Collège, &c.

ORDONNANCE

DE LA

MUNICIPALITÉ D'ORLÉANS,

QUI *fait défenses à toutes personnes d'entrer dans les Vignes & Héritages d'autrui, de rompre les haies, cueillir & emporter les raisins, verjus & autres fruits : Enjoint aux Habitans de la campagne de boucher les haies, d'entriballer leurs chiens & serrer leurs volailles jusqu'au jour de Toussaint prochain, sous les peines portées par les Ordonnances.*

Du trois Septembre 1791.

A Tous ceux qui ces présentes lettres verront, LES MAIRE & OFFICIERS MUNICIPAUX de la ville d'Orléans, SALUT. Sur ce qui nous a été remontré par le Procureur de la Commune, que plusieurs personnes, hommes, femmes, vignerons, artisans, vagabonds & gens sans aveu, entroient dans les vignes & autres héritages dans l'étendue de cette Municipalité, rom-

P

(6)

poient les haies, caſſoient les ceps de vignes, & ſous prétexte
d'y cueillir des herbes, voloient les verjus, raiſins & autres fruits
qui ſont dans leſdits héritages : que les Vignerons y laiſſent entrer leurs chiens & volailles : à quoi il ſeroit néceſſaire de pourvoir : pourquoi il a requis qu'il nous plût rendre notre ordonnance
à ce ſujet :

La matière miſe en délibération, faiſant droit ſur la remontrance du Procureur de la Commune, diſons que nos Ordonnances ci-devant rendues, & notamment celles des 30 août 1783,
21 août 1784, & 12 ſeptembre 1789, ſeront exécutées ſelon leur
forme & teneur ; & ſuivant icelles, faiſons défenſes à tous particuliers, hommes, femmes, artiſans, vignerons, vigneronnes,
porte-faix, domeſtiques, vagabonds & gens ſans aveu, & à toutes perſonnes, d'entrer dans les vignes & héritages d'autrui, ſous
quelque prétexte que ce ſoit, même pour y cueillir de l'herbe ;
de rompre les haies, cueillir & emporter les raiſins, verjus &
autres fruits, ſous telles peines qu'il appartiendra, même de pri-
ſon, s'il y échet, ſuivant la rigueur des ordonnances. Enjoignons
à tous particuliers d'entriballer leurs chiens & de ſerrer leurs volailles juſqu'au jour de Touſſaint prochain, ſous les peines portées par les Ordonnances contre les contrevenans, ſuivant la
nature du délit.

Enjoignons aux Voyers & Meſſiers des Paroiſſes de notre Municipalité de nous informer des contraventions, & d'arrêter les
perſonnes qui cueilleront des verjus, raiſins & autres fruits dans
les vignes & héritages d'autrui, au préjudice des défenſes ci-
deſſus.

Faiſons très-expreſſes inhibitions & défenſes à toutes perſonnes
qui n'ont point de vignes, de porter au marché & d'y expoſer
en vente des verjus ou raiſins, ſous les peines qu'il appartiendra,
même de punition exemplaire, s'il y échet.

Et ſera notre préſente Ordonnance, à ce que nul n'en prétende
cauſe d'ignorance, imprimée, lue & publiée iſſue des Meſſes pa-
roiſſiales des Egliſes de Saint Laurent, Saint Paterne, Saint Marc,
Saint Marceau, Saint Euverte, & autres dans l'étendue de notre
Municipalité ; pareillement publiée à ſon de trompe, & affichée
par-tout où beſoin ſera ; ce fait, exécutée, nonobſtant oppoſi-

tions ou appellations quelconques, & fans y préjudicier, s'agiffant d'un fait de Police.

Donné & arrêté en la chambre du Confeil de la Police d'Orléans, par nous TRISTAN, Maire, Préfident, affifté de Meffieurs ROU, PORCHER, GOMBAULT l'ainé, FAURE, Officiers
Municipaux & Juges de Police ; JOHANNETON, Procureur de la
Commune, & DELAPLACE, Subftitut du Procureur de la Commune, le trois feptembre mil fept cent quatre-vingt-onze.

*Lue, publiée & enregiftrée, l'audience tenant, le mercredi fept
feptembre mil fept cent quatre-vingt-onze.*

Signé GOURDIN fils, Commis Greffier.

*Lue & publiée par tous les carrefours & places publiques de la
ville d'Orléans, par moi Huiffier commis à cet effet.*

Signé TROUILLEBERT.

A ORLÉANS, de l'imprimerie de ROUZEAU-MONTAUT, Imprimeur de l'Evêché,
de la Municipalité, &c. rue royale.

PROCLAMATION

DE LA

MUNICIPALITÉ D'ORLÉANS,

CONCERNANT *l'Etalonnage & Vérification des Poids & Mesures.*

SUR ce qui a été repréſenté par le Procureur de la Commune, que par l'article XVII du titre II de la Loi du 28
mars 1790, portant ſuppreſſion des droits d'étalonnage &
minage, il eſt ordonné qu'il ſera pourvu gratuitement par les
Municipalités aux étalonnage & vérification des poids & meſures ;
que pour remplir cette diſpoſition, la Municipalité d'Orléans
avoit nommé, par ſes délibérations des 6 & 10 août dernier,
M. Chriſtophe Guignace pour vérificateur des meſures, & M.
Louis Barbot pour étalonneur & vérificateur des poids : qu'il étoit
indiſpenſable d'informer le Public de ces deux délibérations, afin
que ceux qui, par leur état & profeſſion, font uſage de poids &
meſures, puiſſent faire étalonner & vérifier leſdits poids & meſures ; ledit requiſitoire ſigné JOHANNETON, Procureur de la Commune :

NOUS MAIRE ET OFFICIERS MUNICIPAUX de la ville d'Orléans avons arrêté ce qui ſuit.

F

(7)

Art. Ier. Le fieur Chriftophe Guignace, demeurant quai & rue de Recouvrance, paroiffe Saint Paul, eft choifi & nommé à l'effet de vérifier & étalonner gratuitement toutes les mefures d'étendue & de capacité qui lui feront préfentées par les particuliers qui demeurent dans le territoire de la Municipalité ; & il ne pourra, à raifon de fes peines & foins, exiger aucune rétribution des Citoyens.

Il lui a été remis tous les étalons & matrices defdites mefures.

Art. II. Les particuliers étrangers à la Municipalité, & qui cependant fe fervent des mefures qui font en ufage dans ladite Municipalité, pourront fe préfenter chez le fieur Guignace pour faire étalonner & vérifier les mefures qu'ils emploient ; mais alors ils feront tenus de payer conformément au tarif qui fuit.

TARIF des Droits à percevoir fur les Mefures employées par les Particuliers étrangers à la Municipalité.

Pour marquer une mine neuve	5 f
Pour la demi-mine neuve	3
Pour un boiffeau neuf	2
Pour le demi-boiffeau neuf	2
Pour le picotin, qui fait un feizième de la mine . . .	2
Pour le litron, qui fait le 32me de la mine	2
Pour le demi-litron, qui fait $\frac{1}{64}$ de mine	2
La pinte en bois	2
La chopine en bois	2
Pour vérifier le poinçon & le quart fervant à mefurer le charbon de terre & autres	5
Pour vérifier la contenance, & mettre la lettre de l'année à toutes les mefures en bois	2
Pour étalonner la pinte d'étain & toutes les autres mefures d'étain jufqu'à celle qui contient un feizième de pinte	1 3 f
Pour étalonner l'aune & en marquer les divifions. . .	5

Art. III. Il fera confervé pour la marque des mefures l'ufage ancien d'une lettre de l'alphabet, à appofer fur les mefures, & qui changera tous les ans à l'époque du premier janvier.

Art. IV. Le fieur Louis Barbot, demeurant rue des trois-clefs, paroiffe de Sainte-Croix, & nommé vérificateur des poids, fera tenu d'étalonner & vérifier gratuitement les fléaux & poids qui lui feront préfentés par les habitans d'Orléans, fans pouvoir exiger d'eux aucune rétribution, fi ce n'eft dans le cas où il feroit chargé de raccommoder & ajufter les fléaux & poids dont l'inexactitude auroit été reconnue, & fans que fous le prétexte de la gratuité de fon fervice, il foit obligé de fe tranfporter chez les Citoyens qui pourroient le requérir, & qui alors feront néceffités de le payer.

Art. V. Les particuliers qui n'habitent pas dans l'étendue de la Municipalité, pourront fe préfenter chez le vérificateur des poids pour y faire vérifier les fléaux & poids dont ils font ufage, & le paieront à raifon du temps qu'il paffera à ladite vérification.

Ses foins feront fixés à raifon de vingt fous par heure, fans cependant que fous le prétexte qu'il n'aura pas paffé une demi-heure à faire la vérification demandée, on puiffe lui donner moins de dix fous.

Art. VI. Tous les Citoyens faifant ufage de poids & mefures, font invités à fe préfenter chez les fieurs Guignace & Barbot, à l'effet de faire vérifier leurs mefures & leurs poids.

Art. VII. La Municipalité étant chargée fpécialement par les décrets d'infpecter le débit des denrées qui fe vendent au poids & à la mefure, il fera fait fouvent, dans le cours de l'année, des vifites par les Etalonneurs & Vérificateurs des mefures & poids, chez les différens Marchands de la ville & des fauxbourgs, à l'effet d'y vérifier les poids & mefures dont ils fe fervent pour le débit de leurs denrées. Ces Citoyens ne pourront refufer l'entrée de leurs maifons auxdits fieurs Etalonneurs. Dans le cas où les Etalonneurs & Vérificateurs reconnoîtroient des infidélités & des inexactitudes dans les poids & mefures, ils en drefferont procès verbal qu'ils remettront à la Municipalité, qui prononcera fuivant la nature & la gravité du délit.

Art. VIII. Il fera mis au-deffus de la porte des maifons occupées par les Vérificateurs des poids & mefures, un tableau indicatif des fonctions qui leur font confiées.

ART. IX. Sera la préfente Proclamation publiée & affichée par-tout où befoin fera , afin que perfonne n'en ignore.

Fait en l'hôtel commun de la ville d'Orléans , le cinq feptembre mil fept cent quatre-vingt-onze.

Signé TRISTAN, Maire ; POUPARDIN , ROU-, CLÉMENT, TIERCELIN , BRUZEAU , LESOURD - LUIZY , FAURE , GAUDRY , PORCHER , ZANOLE , DUFRENÉ , Officiers Municipaux ; JOHANNETON , Procureur de la Commune ; DELAPLACE , Subftitut du Procureur de la Commune.

GOMBAULT - GUINEBAUD , Secrétaire.

A ORLÉANS, de l'imprimerie de ROUZEAU-MONTAUT, Imprimeur de l'Evêché, de la Municipalité , &c. rue royale.

DÉLIBÉRATION

DU TRIBUNAL DE POLICE

DE LA MUNICIPALITÉ D'ORLÉANS

RELATIVEMENT à *la Police & Garde des Spectacles.*

Du 24 décembre 1791.

SUR ce qui nous a été représenté par le Procureur de la Commune, que par l'article VII du décret de l'Assemblée Nationale du 13 janvier 1791, sanctionné par le Roi le 19, il a été ordonné qu'il n'y auroit au spectacle qu'une garde extérieure, dont les troupes de ligne ne seroient point chargées, si ce n'étoit dans le cas où les Officiers Municipaux leur en feroient la requisition formelle ; qu'il y auroit toujours un ou plusieurs Officiers civils dans l'intérieur des salles, & que la garde n'y pénétreroit que dans le cas où la sûreté publique seroit compromise, & sur la réquisition expresse de l'Officier civil, lequel se conformeroit aux lois & aux réglemens de Police ; que tout citoyen seroit tenu d'obéir provisoirement à l'Officier civil :

Que cette disposition de la loi n'avoit pas reçu son exécution dans cette ville, à raison du défaut d'organisation des Commissaires de Police, qui sont les Officiers civils qu'elle indique ; que l'établissement des Commissaires est bien ordonné par le décret du 21 septembre dernier, mais que jusqu'à présent le Corps législatif ne l'a point déterminé ; que jusqu'au moment de cette organisation, les anciens Commissaires de Police sont ceux qui doivent en continuer les fonctions ; qu'en conséquence il étoit nécessaire de mettre à exécution le décret rendu sur la liberté des théâtres.

F

La matiere mise en délibération, le tribunal de Police de la Municipalité a délibéré & ordonné que l'article VII du décret du 13 janvier dernier sera exécuté ; en conséquence, qu'à l'avenir il n'y aura plus de garde intérieure dans la salle du spectacle de cette ville , mais seulement une garde extérieure, qui sera formée & fournie en nombre suffisant , par les soins de Monsieur le Commandant de la Garde nationale , & commandée par un Officier :

Qu'il se trouvera dans l'intérieur de la salle , tous les jours de spectacle , un ou deux Commissaires de Police , qui sont les Officiers civils actuellement en exercice, en attendant l'organisation définitive des Commissaires :

Enjoint à toutes personnes d'observer le silence , de n'apporter aucun trouble au spectacle , & de se conformer aux réglemens de Police, sous les peines prononcées par la loi ; de déférer & obéir aux requisitions des Commissaires , de les respecter dans leurs fonctions , sous les peines indiquées par l'article IV du décret du 28 février 1791 , sanctionné le 17 avril :

Fait défense à la garde extérieure de se présenter dans la salle , où elle ne pourra pénétrer que dans le cas auquel la sûreté publique seroit compromise , & sur la requisition expresse des Officiers civils, à laquelle ils seront tenus de déférer : Enjoint aux Commissaires de Police de veiller exactement à l'exécution des présentes , & de se conformer aux lois & réglemens de Police.

Ordonne que la présente délibération sera imprimée & affichée par-tout où il appartiendra , & notamment dans les différens endroits de la salle du spectacle , afin que l'on n'en ignore , & que chacun ait à s'y conformer.

Donné en la chambre du conseil du tribunal de Police de la Municipalité d'Orléans , le 24 décembre 1791.

Signé TURMEAU , ISAMBERT , BOUCHER DE MEZIERES , Officiers Municipaux ; DUMUYS , Procureur de la Commune.

GOURDIN fils , Commis - Greffier.

DÉLIBÉRATION

DU TRIBUNAL DE POLICE

DE LA MUNICIPALITÉ D'ORLÉANS

CONCERNANT les Bals, Masques & Déguisemens.

Du 8 février 1792.

SUR ce qui a été représenté par le Procureur de la Commune, que des objets confiés à la vigilance & à l'autorité des Corps Municipaux par le titre 2 de la Loi sur l'organisation de l'ordre judiciaire, du 24 août 1790, & article 3, fait partie le soin de prévenir par des précautions convenables les délits contre la tranquillité publique & le maintien du bon ordre dans les endroits où il se fait de grands rassemblemens de personnes ; qu'il est informé que plusieurs habitans se sont permis d'ouvrir dans plusieurs quartiers de la ville des bals publics, dans lesquels ils reçoivent toutes personnes de différent sexe ; que ces bals se continuent dans la nuit ; qu'en en sortant ces personnes se permettent de faire du bruit, & troublent le repos public ; qu'il est d'ordre qu'aucun bal public ne puisse s'ouvrir ni tenir sans au préalable en avoir fait la déclaration, & en avoir obtenu l'agrément de la Police ; qu'il est également intéressant de prévenir toutes espèces de masques & déguisemens, sous lesquels on pourroit se permettre toutes choses contraires à l'ordre social : pourquoi il requéroit qu'il y fût pourvu :

F

(9)

LA MATIERE MISE EN DÉLIBÉRATION, faifant droit fur les repréfentations & requifitoire du Procureur de la Commune, le Tribunal de Police municipale fait expreffément défenfe,

1°. A toutes perfonnes de donner aucun bal public fans en avoir fait la déclaration, & en avoir obtenu la permiffion du Tribunal ;

2°. De commencer les bals qui auront été permis, avant quatre heures après midi, & de les continuer paffé dix heures du foir, à laquelle heure tous bals publics cefferont ;

3°. A tous particuliers de fe préfenter dans les bals publics avec cannes, bâtons, épées & toutes autres armes, parafols & manteaux ;

4°. A tous particuliers de paroître publiquement déguifés, traveftis ou mafqués, de quelque manière que ce foit ;

5°. A toutes perfonnes d'étaler, expofer en vente, louer ou vendre des mafques & habits de déguifement :

6°. Fait enfin expreffément défenfe à toutes perfonnes de donner aucun bal mafqué, foit public, foit particulier : le tout fous telles peines qu'il appartiendra contre les contrevenans, perfonnes tenant bals publics, & celles qui y affifteroient.

Le Tribunal enjoint aux Commiffaires de Police de veiller exactement à l'exécution de la préfente Délibération, de dreffer procès verbal de toutes les contraventions qui pourroient y être commifes : Fait défenfe à toutes perfonnes d'injurier lefdits Commiffaires, & de les troubler dans l'exercice de leurs fonctions ; Enjoint, au contraire, de déférer à toutes requifitions qu'ils pourroient faire : le tout fous les peines prononcées par la Loi du 22 juillet 1791, portant organifation de la Police municipale & correctionnelle, article 19 du titre 2, qui fixe l'amende à dix fois la contribution mobiliaire, & un emprifonnement de deux

ans : Requiert M. le Commandant de la Garde Nationale & M.
le Commandant de la Gendarmerie Nationale de faire furveiller
l'exécution des préfentes, & de faire prêter main-forte aux Commiffaires à leur requifition, en cas de befoin.

Sera la préfente Délibération imprimée, & affichée par-tout
où il appartiendra, afin que nul n'en ignore, & que chacun ait
à s'y conformer.

Donné en la chambre de confeil du Tribunal de Police de la
Municipalité d'Orléans, le 8 février 1792.

Signé SALOMON, Maire; GOMBAULT l'ainé, TURMEAU,
    ISAMBERT, BOUCHER-DE-MEZIERES, FUET l'ainé,
    LEPAGE, Officiers Municipaux; DUMUYS, Procu-
reur de la Commune.

GOURDIN fils, Commis-Greffier.

De l'imprimerie de ROUZEAU-MONTAUT, imprimeur de l'Evêché, de la
Municipalité, &c.

L O I

Portant établiſſement des Commiſſaires de police dans les villes y déſignées.

Donnée à Paris, le 13 Juillet 1792, l'an 4ᵉ. de la Liberté.

LOUIS, par la grâce de Dieu, & par la Loi conſtitutionnelle de l'Etat, ROI DES FRANÇOIS : A tous préſens & à venir ; SALUT.

L'ASSEMBLÉE NATIONALE a décrété, & Nous voulons & ordonnons ce qui ſuit :

DÉCRET *de l'Aſſemblée Nationale, du 6 Juillet 1792, l'An quatrième de la Liberté.*

L'ASSEMBLÉE NATIONALE, d'après le compte qui lui a été rendu par ſon comité de diviſion, des demandes à fin d'établiſſement de commiſſaires de police qui lui ont été

(10)

faites par les différentes villes du royaume , ainfi que des avis donnés fur les demandes par les directoires de département , d'après ceux des diftricts, en conformité de l'article Ier. de la loi du 29 feptembre 1791 ; confidérant que le maintien de l'ordre & de la tranquillité publique exige qu'il foit promptement pourvu à cet établiffement , décrète qu'il y a urgence.

L'Affemblée Nationale, après avoir décrété l'urgence, décrète qu'il fera établi des commiffaires de police dans les villes ci-après , & au nombre qui va être déterminé ; favoir : dix à Lyon , département de Rhône & Loire ; cinq à Orléans, département du Loiret ; quatre à Rennes , département de Lille & Vilaine ; quatre à Toulon & un à Hiers, département du Var ; quatre à Srasbourg, département du bas Rhin ; deux à Chartres, département d'Eure & Loire ; deux à Saumur, département de Mayenne & Loire ; un à Alby, département du Tarn ; un à Châtellerault, département de la Vienne ; un à Meaux , département de Seine & Marne ; deux à Béziers, département de l'Hérault ; un à Cuffet, département de l'Allier ; & dans le département de la Seine inférieure : favoir, à Rouen, huit ; à Elbeuf, un ; à Caudebec, un ; dans la ville du Havre, deux ; à Fécamp, un ; à Saint-Vallery, un ; à Neuchâtel , un ; & à Gournay, un.

MANDONS & ordonnons à tous les Corps adminiftratifs & Tribunaux, que les préfentes ils faffent configner dans leurs Regiftres, lire, publier & afficher dans leurs Départemens & Refforts refpectifs & exécuter comme Loi du Royaume.

[3]

En foi de quoi nous avons figné ces préfentes, auxquelles Nous avons fait appofer le Sceau de l'Etat. A Paris , le treizième jour du mois de Juillet mil fept cent quatre-vingt-douze , l'an quatrième de la liberté, & le dix-neuvième de notre règne. *Signé* LOUIS. *Et plus bas*, D E J O L Y. Et fcellées du Sceau de l'Etat.

V U la préfente Loi, ouï le Procureur-Général-Syndic.

Les Adminiftrateurs compofant le Directoire du Département du Loiret, ont arrêté qu'elle fera confignée fur le Regiftre à ce deftiné, réimprimée & envoyée aux Directoires des Diftricts du Département, qui la feront également configner fur leurs Regiftres, & l'adrefferont , fans délai, aux Municipalités de leur arrondiffement refpectif, pour qu'ils en faffent mention fur leurs Regiftres & qu'ils la faffent enfuite publier & afficher.

FAIT à Orléans, le trois Août mil fept cent quatre-vingt-douze.

Signé FERA , Préfident ; HANAPPIER , Vice - Préfident ; BOUHEBENT ; GRAVET ; BALLOT ; MARTIN ; GAJON ; BRILLARD ; DE VILLIERS ; LE MARCIS , Procureur-général Syndic ;

D I N O M É , Secrétaire.

Certifié conforme à l'original.

A Orléans , chez L. P. COURET , de l'Imprimerie du Département, rue du Colombier.

DÉLIBÉRATION
DE LA MUNICIPALITÉ
D'ORLÉANS

Relativement à la Nomination de cinq Commiſſaires de Police.

Séance du 6 août 1792, l'an quatrième de la liberté.

Sur ce qui nous a été repréſenté par le Procureur de la Commune, Que les Loix des 29 ſeptembre 1791, 8 juin & 13 juillet 1792, avoient déterminé différentes diſpoſitions pour l'établiſſement des Commiſſaires de Police, la forme pour procéder à leur élection, & le nombre à établir à Orléans ; Qu'il ſeroit urgent d'organiſer promptement cette partie de la Police municipale, ſans laquelle le zèle & la vigilance des Officiers Municipaux & des Juges de paix ſe trouvent ſans effet ; Que les Citoyens étant aſſemblés extraordinairement lundi treize du préſent mois pour procéder à l'élection d'un Maire, & le Conſeil général de la Commune ayant, par ſa Délibération du trois de ce mois, arrêté que l'élection des Commiſſaires de Police ſuivroit immédiatement celle du Chef de la Municipalité, il devenoit inſtant de faire connoître aux Citoyens les articles des Loix relatées ci-deſſus, à l'exécution deſquelles ils doivent concourir ; de donner connoiffance, en même temps, des fonctions attachées aux offices de Commiffaires de Police, afin qu'éclairés fur les obligations que la Loi impofe à ces fonctionnaires publics, ils puiffent faire un choix de Citoyens dignes de leur confiance ;

Nous Officiers Municipaux de la ville d'Orléans, faifant droit fur la requifition du Procureur de la Commune, avons arrêté ce qui fuit.

ARTICLE PREMIER.

Conformément au vœu du Confeil général de la Commune de cette ville, les Citoyens actifs affemblés dans les différentes Sections le treize août 1792 & jours fuivans, pour procéder à l'élection d'un Maire, feront de fuite l'élection des Commiffaires de Police, dont le nombre pour la ville d'Orléans eft fixé à cinq par la Loi du 13 juillet dernier.

ARTICLE II.

Les Décrets concernant la forme des élections des Municipalités, & qui reglent les qualités néceffaires pour exercer les droits de citoyen actif & pour être éligible, feront fuivis pour la nomination des Commiffaires de Police.

Les fonctions defdits Commiffaires font déclarées incompatibles avec l'exercice de celles d'Officier Municipal, de Notaire & d'Avoué. (*Art. II de la Loi du 8 juin 1792.*)

ARTICLE III.

L'élection des Commiffaires de Police fe fera fucceffivement, au fcrutin individuel, & à la pluralité abfolue des fuffrages. (*Art. III de la même Loi.*)

ARTICLE IV.

Les fonctions des Commiffaires de Police ne dureront que deux ans. Cependant ceux qui feront nommés cette année refteront en exercice jufqu'à la faint-Martin 1794, à laquelle époque ils pourront être renouvelés. (*Art. IV de la même Loi.*)

ARTICLE V.

Les Commiffaires de Police veilleront au maintien & à l'exécution des Loix de Police municipale & correctionnelle, & ils pourront dreffer les procès verbaux en matière criminelle. La Municipalité déterminera, avec l'autorifation de l'Adminiftration du Département, fur l'avis de celle du Diftrict, le détail des fonctions qui pourront leur être attribuées. (*Art. II de la Loi du 29 feptembre 1791.*)

ARTICLE VI.

Les Commiffaires de Police, lorfqu'ils en auront été requis, ou même

d'office, lorfqu'ils feront informés du délit, feront tenus de dreffer les procès verbaux tendans à conftater le flagrant délit, encore qu'il n'y ait point
eu de plainte rendue. (*Art. V. de la même Loi.*)

ARTICLE VII.

Ils pourront être commis, foit en matière de Police municipale, par la
Municipalité, foit en conféquence d'une plainte par les Officiers de Police de
fûreté ou par les Juges, pour dreffer les procès verbaux qui feront jugés
néceffaires. (*Art. VI de la même Loi.*)

ARTICLE VIII.

En cas d'effraction, affaffinat, incendie, bleffures ou autres délits laiffant
des traces après eux, les Commiffaires de Police feront tenus de dreffer les
procès verbaux de corps du délit en préfence des perfonnes faifies, lefquelles feront enfuite conduites chez le Juge de paix, fans néanmoins que
les Commiffaires de Police puiffent procéder aux informations. (*Art. VII
de la même Loi.*)

ARTICLE IX.

Tous les Commiffaires de Police pourront dreffer des procès verbaux hors
de l'étendue de leur territoire, pourvu que ce foit dans le territoire de la
Municipalité. (*Art. VIII de la même Loi.*)

ARTICLE X.

Dans le cas où il y aura procès verbal de dreffé par le Commiffaire de
Police, ils en tiendront note fommaire fur un regiftre coté & paraphé par
un des Officiers Municipaux. Ils tranfmettront au Juge de paix la minute
même du procès verbal avec les objets volés, les piéces de conviction &
la perfonne faifie. Les Greffiers des Juges de paix donneront décharge du
procès verbal & des piéces. (*Art. IX de la même Loi.*)

ARTICLE XI.

La préfente Délibération fera lue & publiée dimanche prochain douze
du préfent mois d'août aux prônes des Meffes paroiffiales, & affichée à la
porte de chacune des églifes. La publication en fera renouvelée le mercredi
quinze du même mois, dans le cas où les élections ne feroient pas termi-
nées à cette époque.

Donné en la maifon commune de la ville d'Orléans, le 6 août 1791.

Signé GOMBAULT l'ainé, FAURE, GAUDRY, PORCHER, ZANOLE,
TURMEAU, DESBOIS, PATAUD, DUFRENÉ, ISAMBERT, BENOIST,
FUET, LEPAGE, PROZET, BOUCHER-DE MEZIERES, & PELLETIER-
ROU, Officiers Municipaux; DUMUYS, Procureur de la Com-
mune; JOHANET, Subftitut; GOMBAULT-GUINEBAUD, Secrétaire.

DÉLIBÉRATION

DE LA MUNICIPALITÉ

D'ORLÉANS

CONCERNANT *les Aubergiftes, Hôteliers, Cabaretiers & tous les Logeurs, fans exception, de la ville & faux-bourgs d'Orléans.*

Du 12 août 1792.

LE Procureur de la Commune nous a repréfenté, que par l'article V du titre Ier de la Loi du 22 juillet 1791, relative à l'organifation de la Police Municipale & des difpofitions d'ordre public, il eft dit : « Dans les villes & dans » les campagnes, les Aubergiftes, Maîtres d'hôtels garnis & Logeurs feront » tenus d'infcrire de fuite & fans aucun blanc, fur un regiftre en papier » timbré, & paraphé par un Officier Municipal ou un Commiffaire de Po- » lice, les noms, qualités, domicile habituel, dates d'entrée & de fortie » de tous ceux qui coucheront chez eux, même une feule nuit ; de repré- » fenter ce regiftre tous les quinze jours, & en outre toutes les fois qu'ils en » feront requis, foit aux Officiers Municipaux, foit aux Officiers de Police, » ou aux Citoyens commis par la Municipalité » :

Que le Tribunal de Police Municipale a rendu le 9 avril 1791 une ordon-nance qui prefcrit aux Aubergiftes, Hôteliers, Cabaretiers, & à tous Logeurs fans exception, la conduite qu'ils ont à tenir & les devoirs qu'ils ont à rem-plir ; qu'ils les ont complétement négligés, quoiqu'ils foient de la plus grande importance ; que dans la circonftance actuelle il eft très-intéreffant pour le maintien du bon ordre & de la tranquillité publique que la Loi & le Réglement foient exactement fuivis : pourquoi il nous a requis d'en or-donner l'exécution.

SUR QUOI NOUS OFFICIERS MUNICIPAUX, faifant droit fur le requifi-toire du Procureur de la Commune, avons arrêté & ordonné ce qui fuit.

ARTICLE PREMIER.

Il eft enjoint à tous Aubergiftes, Hôteliers, Cabaretiers, & généralement à tous ceux qui logent les étrangers, soit en gîte, soit en chambres garnies, & qui n'en auront point encore fait leur déclaration, de se préfenter dans les trois jours du moment de la publication de la préfente Délibération, au Greffe de la Municipalité, pour faire infcrire leurs noms, furnoms & demeures fur le regiftre à ce deftiné.

Ceux d'entre eux qui cefferoient d'exercer leur état, feront également tenus d'en faire leur déclaration à la Municipalité.

ARTICLE II.

Ceux des Logeurs & Maîtres d'hôtels garnis qui ne fe feront point conformés à l'article II de l'Ordonnance du 9 avril 1791, feront tenus, dans les trois jours, de placer au-devant de leurs maifons, dans le lieu le plus apparent, un écriteau portant ces mots en gros caractères; favoir, pour les Logeurs en chambres garnies, *Chambres garnies;* & pour les Logeurs en gîte, *Ici on loge.*

ARTICLE III.

Seront tenus les Aubergiftes, Hôteliers, Cabaretiers & autres perfonnes qui logent les étrangers, même en chambres garnies, de fe conformer à l'article V de la Loi du 22 juillet 1791, & fuivant icelui, d'avoir un regiftre en papier timbré, paraphé par un Officier Municipal, d'y infcrire de fuite & fans aucun blanc, les noms, qualités, domicile habituel, dates d'entrée & de fortie de tous ceux qui coucheront chez eux, même une feule nuit; le nom du lieu d'où ils viennent, le fujet de leur voyage, & le temps qu'ils fe propofent de refter dans la ville, & de faire mention de la repréfentation de leur paffe-port. Ils feront figner cette déclaration par celles des perfonnes qui fauront figner.

ARTICLE IV.

Il eft enjoint à tous ceux qui viendront loger dans cette ville, foit en auberge, chambres garnies ou chez les logeurs, de déclarer en arrivant, aux Aubergiftes, Maîtres d'hôtels garnis, Cabaretiers & Logeurs, leurs véritables noms & furnoms, leur état, le pays dont ils font originaires, le fujet de leur voyage, le temps qu'ils fe propofent de refter en cette ville, & de repréfenter leurs paffe-ports : faute par eux de le faire, & en cas de refus, ils feront arrêtés & conduits à la Municipalité, pour prendre vis-à-vis d'eux les mefures qu'il conviendra. Et afin que cette difpofition foit connue de tous ceux qui arriveront en cette ville, lefdits Aubergiftes & autres Logeurs feront tenus de notifier aux perfonnes qu'ils recevront chez eux, le contenu en cet article.

ARTICLE V.

Les Aubergiftes, Hôteliers, Maîtres d'hôtels garnis & autres Logeurs qui négligeront d'infcrire fur leurs regiftres les noms des perfonnes qu'ils recevront chez eux, conformément à l'article III ci-deffus, feront condamnés à une amende du quart de leur droit de patente, & ils demeureront civilement refponfables des défordres & des délits commis par ceux qui logeront dans leurs maifons.

ARTICLE VI.

Les Aubergiftes, Hôteliers, Maîtres d'hôtels garnis, & autres Logeurs, feront chaque jour le relevé exact de leurs regiftres. Ce relevé comprendra les noms, furnoms, pays, état ou profeffion de ceux qu'ils auront reçus chez eux ou pris en penfion, la date de leur arrivée, le motif de leur voyage, l'endroit où le paffe-port leur aura été délivré, & fa date : ils y feront également mention du jour de leur fortie, & indiqueront, autant qu'ils le pourront, fi les particuliers ont quitté la ville, ou s'ils n'ont fait que changer de logement.

ARTICLE VII.

La feuille qui contiendra le relevé mentionné en l'article précédent, portera en tête le nom de l'Aubergifte, Maître d'hôtel garni ou Logeur, celui de fa rue, le numéro de fa maifon. Cette feuille, fignée de l'Aubergifte, Maître d'hôtel garni ou Logeur, fera remife tous les matins, depuis fix heures jufqu'à dix heures, aux Prépofés par la Municipalité qui fe préfenteront chez eux ; à l'effet de quoi, pour ne point retarder le fervice, cette feuille fera faite la veille au foir.

ARTICLE VIII.

Les Prépofés chargés de la collection de ces feuilles, les remettront au plus tard à la Municipalité à onze heures. Le dépouillement en fera fait fur-le-champ, de manière que le Corps Municipal foit toujours informé non-feulement du nombre des étrangers qui font dans la ville, mais encore de leurs noms, furnoms, pays & profeffions, du fujet de leur voyage, & du temps qu'ils fe propofent de refter en cette ville.

ARTICLE IX.

Il eft enjoint aux Aubergiftes, Maîtres d'hôtels garnis, Cabaretiers & Logeurs de porter leurs regiftres chez le Commiffaire de leur quartier tous les quinze jours, pour y être vifés, & de leur en faire la repréfentation, ainfi qu'aux Officiers Municipaux, toutes les fois qu'ils en feront requis ; le tout fous la peine prononcée par l'article V ci-deffus.

ARTICLE X.

Il eft fait défenfes à tous les Habitans, Aubergiftes, Hôteliers, Cabaretiers, Logeurs & autres, de quelque état qu'ils foient, de donner afyle & retraite aux vagabonds & gens fans aveu, à peine d'être regardés comme ennemis de la tranquillité publique, & pourfuivis comme tels. Tous les Citoyens font invités de dénoncer à la Municipalité les gens fans aveu, fans métier ni profeffion, fans domicile conftant, & toutes autres perfonnes fufpectes dont ils auront connoiffance, à l'effet de mettre la Municipalité à portée de prendre vis-à-vis de ces particuliers les mefures de fûreté convenables.

ARTICLE XI.

Tous vagabonds, gens fans aveu de l'un & de l'autre fexe qui ne font ni domiciliés, ni avoués de Citoyens chefs de famille & d'une probité connue, feront tenus de fortir de la ville & des fauxbourgs dans les vingt - quatre heures du jour de la publication de la préfente Délibération, à peine d'être arrêtés & punis fuivant la rigueur des Loix.

ARTICLE XII.

. Il eft enjoint aux Commiffaires de Police de furveiller ponctuellement l'exécution de la préfente Délibération, de faire exactement leur rapport des contraventions qu'ils reconnoîtront, & pour cet effet, de faire les vifites néceffaires.

ARTICLE XIII.

. Il eft fait défenfes aux Aubergiftes, Hôteliers, Maîtres d'hôtels garnis, Cabaretiers, Logeurs & à toutes autres perfonnes d'injurier, infulter & menacer les Commiffaires & autres Prépofés par la Police Municipale dans l'exercice de leurs fonctions.

La Municipalité enjoint aux Citoyens de déférer aux requifitions qui leur feroient faites par lefdits Commiffaires & Prépofés, même de fouffrir les vifites qu'ils font autorifés de faire par la Loi dans leurs maifons, fous les peines prononcées par la Loi du 22 juillet 1791 : Requiert M. le Commandant général de la Garde-Nationale de cette ville & M. le Commandant de la Gendarmerie Nationale de faire furveiller l'exécution de la préfente Délibération, & de prêter main-forte, en cas de requifition, pour l'exécution de toutes les difpofitions ci-deffus.

Sera la préfente Délibération imprimée, lue, publiée & affichée par-tout où il appartiendra, afin que nul n'en ignore, & que chacun ait à s'y conformer.

Donné en la chambre du Confeil de la Municipalité d'Orléans, le douze août mil fept cent quatre-vingt-douze.

Signé GOMBAULT l'ainé, FAURE, GAUDRY, PORCHER, ZANOLE, TURMEAU, DESBOIS, PATAUD, DUFRENÉ, ISAMBERT, BENOIST, DELAHAYE, FUET, LEPAGE, PROZET, BOUCHER - MEZIERES, & PELLETIER - ROU, Officiers Municipaux ; DUMUYS, Procureur de la Commune ; JOHANET, Subftitut ; GOMBAULT-GUINEBAUD, Secrétaire.

A ORLÉANS, de l'imprimerie de ROUZEAU - MONTAUT, Imprimeur de l'Evêché, de la Municipalité, du College, &c. 1792.

1792, 26 sept.

DÉLIBÉRATION

DE LA POLICE MUNICIPALE

D'ORLÉANS,

Qui fait défenses à toutes personnes d'entrer dans les vignes & héritages d'autrui, de cueillir & emporter les raisins & autres fruits, d'effeuiller & ébourgeonner les vignes.

Du 26 Septembre, l'an 1er de la République Française.

Le Procureur de la Commune nous a représenté que contre les dispositions des Loix qui assurent & mettent sous la protection de la République les propriétés & les personnes, il est informé que plusieurs personnes, hommes, femmes, enfans, vignerons, artisans & gens sans aveu, entroient dans les vignes, bois & autres héritages situés dans l'étendue de cette Municipalité, & sous prétexte de cueillir des herbes dans les vignes, y voloient les raisins & autres fruits ; Que d'autres se permettoient d'effeuiller & ébourgeonner les vignes, ce qui causoit la perte du nouveau bois & en arrêtoit la maturité ; Que conformément aux Loix, nul n'a le droit d'aller sur les héritages d'autrui & de s'y approprier tout ce

F

(13)

qui y croît, appartenant au feul propriétaire ; Qu'il devenoit urgent d'arrêter les fuites de femblables déprédations ; pourquoi il nous a requis de rendre l'ordonnance fur ce néceffaire :

Sur quoi NOUS OFFICIERS MUNICIPAUX , faifant droit fur le requifitoire du Procureur de la Commune, avons arrêté & ordonné ce qui fuit.

Il eft fait défenfe à tous particuliers, hommes, femmes, enfans, vignerons, vigneronnes, & à toutes perfonnes, d'entrer dans les vignes & héritages d'autrui, fous quelque prétexte que ce foit ; d'y cueillir de l'herbe ; de rompre les haies, fe frayer des paffages ; cueillir & emporter les raifins & autres fruits ; d'effeuiller & ébourgeonner les vignes, fous les peines prononcées par le titre 2 de la Loi du Code rural, du 6 octobre 1791.

Il eft enjoint aux Voyers & Meffiers des paroiffes de l'étendue de notre Municipalité de nous informer des contraventions qui pourroient être commifes, & d'en dreffer des procès verbaux. Il eft enjoint aux Citoyens de déférer aux requifitions qui leur feroient faites par lefdits Voyers & Meffiers. Requérons le Citoyen Commandant général de la Garde nationale de cette ville & le Citoyen Commandant de la Gendarmerie nationale de faire furveiller l'exécution de la préfente Délibération , & de prêter main-forte en cas de requifition.

Sera la préfente Délibération imprimée, lue & publiée iffue des Meffes paroiffiales des églifes de S. Laurent, S. Paterne, S. Marceau, S. Euverte, & des chapelles de S. Marc & des Aides, & affichée par-tout où
il appartiendra, afin que nul n'en ignore, & que chacun
ait à s'y conformer.

Donné en la chambre du Confeil de la Municipalité
d'Orléans, le vingt-fix feptembre mil fept cent quatre-
vingt-douze, l'an premier de la République.

Signé GOMBAULT l'ainé, FAURE, GAUDRY, PORCHER,
 ZANOLE, TURMEAU, DESBOIS, PATAUD,
 DUFRENÉ, ISAMBERT, BENOIST, DELAHAYE,
 FUET, LEPAGE, BOUCHER-MEZIERES & PELLE-
 TIER-ROU, Officiers Municipaux ; DUMUYS,
 Procureur de la Commune ; JOHANET, Subftitut ;
 & GOMBAULT-GUINEBAUD, Secrétaire.

A ORLÉANS, de l'imprimerie de ROUZEAU-MONTAUT, Imprimeur de
l'Evêché, de la Municipalité, du College, &c. 1792.

DÉLIBÉRATION

DU CONSEIL GÉNÉRAL

DE LA COMMUNE D'ORLÉANS,

RELATIVEMENT aux Bals, Masques & Déguisemens.

Séance du 8 février 1793, l'an 2ᵉ de la République.

Sur ce qui a été représenté par le Procureur de la Commune, qu'il importoit au maintien du bon ordre de prévenir par des précautions sages les abus qui pourroient se commettre dans les travestissemens qui se font ordinairement dans les derniers jours du Carnaval, & tous ceux qui pourroient résulter de rassemblemens faits sans l'autorisation qu'il est réservé aux Officiers municipaux d'accorder, par la Loi du 24 août 1790, titre 11, art. 4 ;

Le Conseil Général, faisant droit sur la représen-

F

(14)

tation du Procureur de la Commune, & le requifitoire qui l'a fuivie, a arrêté ce qui fuit.

ARTICLE PREMIER.

Il eft défendu à toutes perfonnes de donner aucun Bal public, fans en avoir obtenu la permiffion des Officiers municipaux.

ARTICLE II.

Il eft défendu à tous particuliers de paroître publiquement déguifés, traveftis ou mafqués, de quelque manière que ce foit, & à toutes perfonnes d'étaler ou expofer en vente aucuns mafques & habits de déguifement.

ARTICLE III.

Il eft encore défendu à tous les Citoyens de fe préfenter à aucun Bal avec cannes, bâtons, épées ou autres armes, parafols & manteaux.

ARTICLE IV.

Sera la préfente Délibération imprimée, & affichée dans les lieux accoutumés.

Le Confeil général enjoint aux Commiffaires de Police de veiller à l'exécution de la préfente Délibération, de faire toutes requifitions néceffaires pour l'affurer, & de dreffer procès verbaux des contraventions.

Fait en la maifon commune d'Orléans, le 8 février 1793, l'an deuxième de la République.

Signé ARMAND-LÉON SAILLY, Maire;
JOHANET, Procureur de la Commune;
GOMBAULT - GUINEBAUD, Secrétaire.

DÉLIBÉRATION

DU TRIBUNAL DE POLICE

DE LA MUNICIPALITÉ D'ORLÉANS,

CONCERNANT *la Destruction des Chenilles.*

Du 2 mars 1793, l'an deuxième de la République.

LE Procureur de la Commune a repréfenté que dans tous les temps les Tribunaux de Police avoient rendu des ordonnances & & pris des délibérations par lefquelles il étoit enjoint à tous les Propriétaires & Cultivateurs de détruire les chenilles, infectes dont la multiplication deviendroit dangereufe fous tous les rapports ;

Que la dernière délibération prife fur cet objet par le Tribunal de Police municipale, en date du 29 février 1792, femble être actuellement ignorée, & que les Propriétaires & Cultivateurs n'en rempliffent aucunement les difpofitions :

Pourquoi il requéroit le Tribunal de prendre une nouvelle délibération pour rappeler les difpofitions des anciens Réglemens, & notamment celles adoptées par la Délibération du 29 février 1792.

LE TRIBUNAL, faifant droit fur le requifitoire du Procureur de la Commune, en rappelant aux Citoyens les difpofitions des Réglemens & Délibérations, ordonne que dans la quinzaine de la publication de la préfente Délibération, tous Propriétaires,

(15)

Fermiers, Vignerons & autres faifant valoir leurs propres héritages ou exploitant ceux d'autrui, feront tenus d'écheniller ou faire
écheniller, détruire les fourreaux qui font dans les arbres, haies,
bois, buiffons & vignes dépendans des héritages qu'ils exploitent, à quelque titre que ce foit, & de brûler les tontures auffi-
tôt, dans des lieux où il n'y aura acun danger de communication
de feu, foit pour les maifons & bâtimens, foit pour les arbres,
les haies & autres objets ; le tout à peine de vingt livres d'a-
mende, & d'être civilement refponfables des dommages que pourroient éprouver les voifins :

Le Tribunal enjoint aux Commiffaires de Police de veiller à
l'exécution de la préfente Délibération.

Requiert le Commandant de la Gendarmerie-nationale de tenir
la main à fon exécution.

Sera la préfente Délibération imprimée, lue & publiée aux
prônes des Meffes paroiffiales des Paroiffes & Chapelles en dépendantes, fituées dans l'étendue de la Municipalité, & affichée
par-tout où befoin fera.

Donné en la chambre du Confeil du Tribunal de Police de
la Municipalité d'Orléans, le 2 mars 1793, l'an deuxième de
la République.

Signé Armand - Léon SAILLY, Maire ; LEMARCIS,
   PERCHERON, PELLETIER-ROU, FOUGERON, HUBERT,
   Officiers municipaux ; JOHANET, Procureur de la
   Commune ; GOURDIN, Commis-Greffier de la Police.

A ORLÉANS, de l'imprimerie de ROUZEAU-MONTAUT, Imprimeur de l'Evêché & de la
Municipalité, Libraire & Marchand de papier, rue de l'Egalité, n° 11.

DÉLIBÉRATION

DE POLICE

DE LA COMMUNE D'ORLÉANS,

Concernant la Police des Ruès & Voies publiques.

Du 16 mars 1793, l'an 2ᵉ de la République.

Sᴜʀ ce qui a été repréfenté par le Procureur de la Commune, que la négligence des Citoyens de cette ville & fauxbourgs à fe conformer aux Réglemens de Police, exige que les difpofitions leur en foient rappelées, le Tribunal a arrêté ce qui fuit.

Aʀᴛɪᴄʟᴇ ᴘʀᴇᴍɪᴇʀ.

Tous les Citoyens feront tenus de balayer & faire balayer le devant des maifons, bâtimens, murs de clôture, portes, magafins ou autres édifices quelconques qu'ils habitent ou exploitent, dans l'heure qui fuivra le fon de la cloche que les Commiffaires feront paffer dans toutes les rues de leur arrondiffement les dimanche, mardi, jeudi & famedi de chaque femaine ; favoir, depuis la Touffaint jufqu'à Pâques, à huit heures, & depuis Pâques jufqu'à la Touffaint, à fept heures du matin.

Aʀᴛɪᴄʟᴇ II.

Dans les rues à deux revers les Citoyens balaieront jufqu'au ruiffeau ;

F

(16)

dans celles établies en chauffées, indépendamment du revers, chacun balaiera la moitié de la chauffée vis-à-vis de fon exploitation, & dans les places publiques jufqu'à la diftance de neuf pieds des murs ou façades des bâtimens.

ARTICLE III.

Pour éviter que les boues & immondices ne fe répandent fur le payé avant d'être enlevées, les Citoyens feront tenus de les faire mettre en tas.

ARTICLE IV.

Défenfes font faites de jeter aucunes immondices, même de l'eau claire, par les fenêtres.

ARTICLE V.

Il eft enjoint à tous particuliers de faire enlever les fumiers, décombres, gravois dans des tombereaux à mefure qu'ils font apportés fur la voie publique, & à faire nettoyer la place avec foin.

ARTICLE VI.

Défenfes font faites aux Bouchers, Charcutiers ou Ecorcheurs de tuer aucuns animaux dans les rues ou places publiques, & d'y laiffer couler du fang. Il leur eft enjoint de faire laver avec foin & à grande eau leurs tueries toutes les fois qu'ils y auront tué ou écorché. Il eft pareillement enjoint aux Poiffonniers & Poiffonnières & aux Tripiers & Tripières de laver à grand eau tous les jours les étaux & places qu'ils occupent. Les Charcutiers ne pourront faire griller leurs cochons que hors la ville, aux endroits indiqués.

ARTICLE VII.

Il eft défendu à tous Citoyens d'obftacler les rues, places, ports & quais par des voitures quelconques, des pierres, poutres, bois, matériaux, immondices & décombres, & notamment de planter des piquets & étendre du linge fur les ports & quais, foit fur les chauffées, foit fur les rampes & glacis qui doivent demeurer libres pour le fervice de la rivière & du commerce, foit au-devant des maifons des Citoyens, à moins que ce ne foit fur leur permiffion.

ARTICLE VIII.

A l'égard des matériaux dont l'approche eft néceffaire pour la conftruction ou réparations des bâtimens, ils ne pourront être dépofés fur les voies publiques fans une permiffion du Tribunal, qui ne fera accordée que fous la condition de placer un réverbere ou lanterne qui fera allumée toute la nuit.

ARTICLE IX.

Il ne pourra être placé aucune échoppe dans les rues & places publiques, qu'aux endroits qui feront indiqués, & il ne pourra en être placé au long des maifons & bâtimens des Citoyens fans leur permiffion.

ARTICLE X.

Défenfes font faites de mettre des pots de fleurs ou autres objets fur les appuis des croifées, s'il n'y a un balcon ou des barres de fer qui puiffent en empêcher la chute fur les paffans. Les Couvreurs & Maçons travaillant fur les maifons qui n'auront pas d'échafaud portant à terre, feront tenus de fufpendre à la hauteur de fix pieds un triangle au bout d'une corde.

ARTICLE XI.

Il ne pourra être mis aucunes enfeignes ou autres faillies défendues par les anciens Réglemens fur les rues & places publiques. Tous les tableaux ou enfeignes feront plaqués au long des murs, & retenus avec des crampons de fer folides.

ARTICLE XII.

Défenfes font faites de faire aucunes conftructions ou reconftructions de bâtimens ou édifices fur la voie publique, fans en avoir obtenu la permiffion, conformément aux anciens Réglemens, lefquels feront exécutés.

ARTICLE XIII.

Il eft défendu de faire courir les chevaux de felle ou de voiture foit au galop, foit au grand trot; à tout Voiturier d'être monté dans fa charrette ou tombereau, foit vide; foit chargé, même d'être affis fur fon limon; & aux âniers d'être montés fur leurs ânes ou dans leurs tombereaux.

ARTICLE XIV.

Les Propriétaires des maifons feront tenus d'entretenir & même de rétablir les numéros placés à leurs maifons, & les noms des rues, à l'égard de ceux qui forment les encoignures.

ARTICLE XV.

Les propriétaires des tombereaux, gamions, charrettes, bêtes afines & autres de fomme, feront tenus de fe conformer au Réglement concernant les plaques numérotées.

ARTICLE XVI.

Il eft défendu de tirer des fufées, petards & artifice dans les rues, & aux Marchands & Artificiers d'en vendre aux enfans.

ARTICLE XVII.

Seront au furplus exécutées les Ordonnances & Délibérations de Police des 13 août & 3 novembre 1790, 20 juillet & 24 décembre 1791, concernant le numérotage des maifons, tombereaux & bêtes afines, la vente des grains & police des marchés, police & garde des fpectacles.

ARTICLE XVIII.

Le Tribunal enjoint aux Commiffaires de Police de tenir la main à l'exécution des préfentes, & les autorife à requérir la force armée quand befoin fera, pour que force demeure à la Loi.

Sera la préfente Délibération exécutée fous peine d'amende, fuivant la gravité des circonftances, conformément à la Loi du 13 juillet 1791, dont les maîtres feront refponfables pour leurs domeftiques, compagnons & ouvriers, & les peres & meres pour leurs enfans, ainfi que des indemnités, dommages & intérêts lorfqu'il y aura lieu.

Fait au Tribunal de Police municipale, le 16 mars 1793, l'an deuxième de la République.

Signé ARMAND - LÉON SAILLY ; Maire, PERCHERON, BENOIST-PINIAU, VIGNAT, MOYRET, Officiers municipaux ; JOHANET, Procureur de la Commune ; GOMBAULT-GUINEBAUD, Secrétaire.

De l'imprimerie de ROUZEAU - MONTAUT, imprimeur de l'Evêché, de la Municipalité, &c.

LIBERTÉ. **ÉGALITÉ.**

RÉPUBLIQUE FRANÇAISE, UNE ET INDIVISIBLE,

OU LA MORT.

E X T R A I T

DU REGISTRE

DES DÉLIBÉRATIONS

DU CONSEIL

DU DISTRICT D'ORLÉANS.

Séance publique du huit Germinal, l'an deuxième de la République française, une & indivisible.

L'AGENT national donne lecture d'une lettre en date du 5 de ce mois, par laquelle la Municipalité d'Orléans propose quelques mesures nécessaires pour arriver au changement des jours de marché dans cette Commune. Il observe que, conserver plus long - temps les époques déterminées par l'ancien calendrier, ce seroit vouloir perpétuer l'existence des ci - devant jours de dimanche, & invétérer chez les habitans des campagnes l'habitude de les consacrer au

F

(17)

repos. Il déclare que dans les voyages qu'il a faits fur le territoire de quelques Communes, il s'eft convaincu par lui-même de la vérité de cette remarque ; & que la diftribution de grains, faite le ci-devant famedi par la Commune d'Orléans, offre, pour le lendemain, aux habitans des communes villageoifes une occafion de raffemblement, un prétexte d'oifiveté dont il faut couper la racine ; il ajoute que la Convention nationale a fenti l'importance & la néceffité de cette opération, puifque, par fon décret du 27 Nivôfe, elle a chargé fon comité de divifion de lui préfenter fes vues fur les moyens propres à mettre de l'enfemble dans la diftribution des foires & marchés de la République, & fur les jours auxquels il faut les fixer, d'après le calendrier républicain ; que ce travail immenfe fe laiffera long-temps encore défirer, & qu'en attendant il eft indifpenfable d'arrêter les inconvéniens qui viennent d'être mis fous les yeux de l'Adminiftration ;

Le Confeil, fur le requifitoire de l'Agent national, arrête :

ARTICLE PREMIER.

Provifoirement, & jufqu'à la fixation déterminée par le Comité de divifion de la Convention nationale, la Municipalité d'Orléans eft autorifée à changer les jours de marchés de cette Commune, & à en établir trois par décade, qui feront les *duodi*, *fextidi* & *nonidi*.

I I.

Le Siège de la Police municipale tiendra les jours de marchés ci-deffus défignés.

I I I.

Les diftributions de grains aux diverfes Communes du

Diftrict auront lieu les mêmes jours, fauf à la Municipalité
d'Orléans à n'établir que deux diftributions par décade, fi
cette mefure eft reconnue plus commode & fans inconvénient.

I V.

Pour donner le temps de répandre dans les diverfes communes, tant du Diftrict d'Orléans que du Département du
Loiret, la connoiffance du préfent arrêté, & les mettre à
portée de s'y conformer, l'exécution en eft fixée au 2 Floréal
prochain, jour auquel le premier marché fera tenu, conformément à la nouvelle détermination.

V.

Le préfent arrêté fera imprimé au nombre de trois cents
exemplaires, publié, affiché & envoyé tant aux diverfes
Communes du Diftrict d'Orléans qu'aux Adminiftrations
des autres Diftricts du Département, avec invitation de lui
donner toute la publicité poffible dans leurs Communes
refpectives.

Signé DALAINE, *préfident;* LAMBERT, *vice-préfident;*
CONSTANT, CHESNAULT, CRETTÉ, LOUVEL, ARMELIN,
adminiftrateurs.

AIGNAN, *agent national.*

DESIR le jeune, *fecrétaire.*

A ORLEANS, chez DARNAULT-MAURANT, Imprimeur
du Diftrict, rue Pomme-de-pin, n°. 20.

ARRÊTÉ

DU CONSEIL GENERAL DE LA COMMUNE

D'ORLÉANS.

Vu la loi du 4 thermidor dernier, portant établissement de patentes pour l'exercice de toute espèce de commerce, & celle du 7 de ce mois sur la police du commerce des grains & l'approvisionnement des marchés & des armées ;

Oui le rapport de la Division des subsistances & le Substitut du Procureur de la Commune ,

Le Conseil général de la Commune d'Orléans ,

Considérant que pour assurer l'exécution des loix précitées , & pour réprimer , par une surveillance sévere, l'agiotage des grains , d'où découlent les principales sources de la misere publique , il est indispensable aux Magistrats de tracer des dispositions de police qui en atteignant les sangsues du peuple , laissent à la liberté du commerce toute la latitude dont il a besoin ;

Arrête :

ARTICLE PREMIER.

A compter du 29 de ce mois , tous particuliers non boulangers ou non marchands de grains munis de patentes relatives à ce commerce , ne pourront acheter de grains au marché d'Orléans sans être munis d'un *bon* ou *permis* signé de deux Officiers municipaux.

ARTICLE II.

La quantité de grains qui formera l'objet de ces *bons* ou *permis*, sera proportionnée , autant que possible , à celle dont les marchés seront habituellement garnis, afin de faire participer à l'approvisionnement un plus grand nombre de citoyens.

ARTICLE III.

Les *bons* seront portés sur un état à colonnes imprimé à cet effet, & qui contiendra en tête le nom du citoyen auquel ils seront délivrés , & l'indication de la quantité de grains qu'il aura droit d'acheter.

ARTICLE IV.

Tout Citoyen, pour faire usage d'un *bon* de la Municipalité, sera tenu d'y

(18)

faire appofer le *visa* de l'un des Officiers municipaux chargés de la police du marché, ou d'un Commiffaire de police, lequel *visa* conftatera fi le *bon* a eu fon effet en tout ou en partie. Sans cette formalité, il ne pourra en obtenir un nouveau pour le complément de fon approvifionnement, & en conféquence le tableau imprimé portant les *bons* fucceffifs reftera entre les mains de chaque citoyen.

ARTICLE V.

Les *bons* feront délivrés provifoirement fur la déclaration du particulier qui fe préfentera, fauf à prendre toutes les mefures convenables pour s'affurer de l'exactitude des déclarations.

ARTICLE VI.

Tout citoyen qui aura fait une fauffe déclaration, fera traduit devant le tribunal de police, & condamné aux peines portées par l'article 8 de la loi du 7 vendémiaire précitée.

ARTICLE VII.

La délibération du Confeil général du 17 de ce mois, portant que les Boulangers de cette Commune feront admis exclufivement à s'approvifionner de grains dans les marchés, eft & demeura rapportée; en conféquence, à commencer de l'ouverture de chaque marché jufqu'à deux heures du foir, tous les Citoyens d'Orléans entreront en concurrence avec les Boulangers pour les achats de grains qu'ils auront à faire.

ARTICLE VIII.

Au moyen de la faculté accordée aux Boulangers de s'approvifionner de grains dans une proportion fupérieure à celle que détermine pour chaque famille l'article 16 de la loi du 4 thermidor dernier, fufrelatée, il eft expreffément défendu à tous Boulangers d'enlever ou faire enlever du marché les grains qu'ils y auront achetés, fans faire préalablement la déclaration de leur nature & de leur quantité totale, foit à l'un des Officiers municipaux chargés de l'infpection du marché, foit à un Commiffaire de police, lefquels infcriront de fuite cette déclaration.

ARTICLE IX.

Tout Boulanger eft pareillement tenu, à chaque fournée de pain qu'il cuira, de déclarer & de faire vérifier la quantité de pain qu'il aura cuite, à l'un des Citoyens de fon voifinage qui lui feront indiqués par la Municipalité : le Confeil, par cette difpofition, n'entend point déroger à la furveillance que les Commiffaires de police font chargés d'exercer généralement fur les Boulangers.

ARTICLE X.

En cas de contravention à l'un des deux articles précédens, ou de déclaration reconnue fauffe, le Boulanger fera confidéré comme marchand de grains ; il fera conféquemment exclus du marché jufqu'à l'heure à laquelle il y doit être admis en cette derniere qualité : de plus, il fera tenu fous les peines portées par la loi, de fe munir d'une patente fpéciale, & d'afficher au devant de fa maifon, à la hauteur du rez de chauffée, la nature de fon commerce.

ARTICLE XI.

Avant l'ouverture de chaque marché, depuis huit heures du matin, il fera tenu par les Officiers municipaux chargés de l'infpection du marché, & fubfidiairement par des Commiffaires de police, des états de dénombrement de la nature & quantité des grains expofés en vente ; & à mefure qu'il arrivera de nouvelles voitures de grains, il eft enjoint aux conducteurs, avant de procéder à leur mefurage, d'en faire infcrire la note fur les états de dénombrement ci-deffus défignés.

ARTICLE XII.

Il eft enjoint aux Commiffaires de police, fous leur refponfabilité, de tenir très-févèrement la main à l'exécution des réglemens relatifs aux marchés, notamment en ce qui concerne la défenfe faite aux porte-faix, fous les peines portées par les loix, de s'immifcer dans la vente ou dans l'achat des grains.

ARTICLE XIII.

Le Confeil général de la Commune d'Orléans renouvelle la promeffe inviolable de fûreté, garantie & protection à tous les propriétaires, fermiers & cultivateurs qui viendront apporter leurs grains aux marchés de cette commune.

Fait en féance extraordinaire, le 24 vendémiaire, quatrième année républicaine.

Signé J. MAINVILLE, Officier municipal, faifant les fonctions de Maire ; CREUSILLET, BIMBENET, HUQUIER-GERMON, JOUARD, FLAMEN, BALLOT-LEMAY, BELLEMANT, PIÉDOR-DUMUYS, DELALOGE-LIGNY, SAUTELET, Officiers municipaux ; CHERON, LAILLET, MARCILLE, BOMBON, BARRÉ, PETARD, BOULARD, ROUGEMONT, CALLIER, GEFFRIER, LEGUAY, PILTÉ-DESJARDINS, LESOURD - LUISY, CÉSAR - BERTHEL, BRUNEAU, FOUGEU-GUERINET, Notables ; MANDET, Subftitut du Procureur de la Commune ; AIGNAN, Secrétaire.